Henri Baudrillart

Le Luxe et les formes de gouvernement

Essai

ISBN : 978-1983644375

10 9 8 7 6 5 4 3 2 1

Henri Baudrillart

Le Luxe et les formes de gouvernement

Essai

Table de Matières

Introduction

La plupart des écrivains politiques ont consacré aux rapports de l'état avec le luxe privé et le luxe public des considérations plus ou moins étendues. En outre, il a fallu que les législateurs donnassent une solution à ces questions, qu'on peut placer au nombre des plus difficiles, car il s'agit de fixer des limites toujours indécises et flottantes entre le rôle du gouvernement et l'action individuelle. Pendant un long passé qui comprend presque toute l'antiquité, l'état exerce sur la vie privée un empire à peu près illimité. Le législateur, maître de l'éducation comme de la religion, de la propriété elle-même et de l'industrie, n'éprouve aucun scrupule à régler comme il l'entend le luxe des particuliers. Le vêtement, la table, le train de la vie tout entier, ne sont pas hors de sa compétence. C'est seulement affaire de plus ou de moins, et Solon ne fait qu'user modérément d'un droit que Lycurgue pousse jusqu'à l'anéantissement de la liberté individuelle. De même, dans l'ordre philosophique, Aristote, partisan de la propriété au nom déraisons toutes pratiques, n'en a pas plus la conception théorique comme droit que Platon, qui la détruit dans sa *République.* Plus tard la sphère des droits individuels s'étend là comme ailleurs ; mais il s'en faut que toute prétention réglementaire ait disparu. La loi prétend encore fixer un *maximum* à certaines consommations. Plus le principe monarchique s'affermit et plus prévalent les souvenirs du droit romain, plus cette intervention devient fréquente. Ne croyons pas que toute question de ce genre ait disparu avec la grande émancipation de 1789. On faisait encore des lois somptuaires sous Louis XV ; on n'en fait plus aujourd'hui, il est vrai, mais on continue à s'enquérir si, dans la taxation de certains produits et de certaines branches d'industrie et de commerce, l'état aura égard au caractère moral ou non, nécessaire ou non de la consommation. Les moins modérés veulent des impôts *contre* le luxe, les plus modérés acceptent, réclament parfois des taxes *sur le luxe.*

Même divergence de points de vue quant au luxe public. Ici l'état ne saurait être mis tout à fait hors de cause ; mais la différence est grande entre les écoles qui lui attribuent un rôle de première importance, et les économistes qui souvent réduisent ce rôle presqu'à rien. C'était bien entièrement affaire d'état chez les anciens. Tout en regardant l'autorité comme souveraine en pareille matière, ils abandonnaient une partie considérable du luxe public aux riches particuliers, qui s'en faisaient un moyen d'influence. Les proportions du luxe public se sont beaucoup restreintes pour nous modernes. Nous ne le chargeons plus au même degré de nous amuser, nous ne lui attribuons plus la même importance comme instrument d'éducation populaire. Aujourd'hui il s'agit seulement de quelques fêtes, et surtout de l'intervention du gouvernement sous forme de direction et de subvention dans le domaine des beaux-arts. La part de protection de l'état et les formes qu'elle doit prendre ici n'ont pas cessé d'être livrées à des controverses auxquelles le budget donne chaque année un intérêt qui n'est pas exclusivement philosophique.

Voilà la partie générale de ce qu'on peut nommer la politique du luxe. Elle est liée aussi à des questions plus spéciales : je veux parler des formes de gouvernement, lesquelles, non moins évidemment, influent sur le degré de développement et sur les formes variées du luxe soit privé, soit public Pour nous intéresser aujourd'hui, il n'est pas nécessaire qu'un tel sujet revête le caractère d'une polémique pour ou contre telle forme de gouvernement. Les vérités d'application se déduisent toutes seules des vérités d'observation, dont on trouve les éléments dans l'histoire, dans la comparaison des idées comme des faits, dans le spectacle des sociétés existantes. C'est à ce point de vue expérimental que je me placerai pour traiter une question qui, malgré son apparence théorique, présentera peut-être des vérités dont nous pouvons, aujourd'hui particulièrement, faire notre profit.

Monarchie, aristocratie et démocratie, telle est ici la classification la plus usitée, et peut-être encore la plus acceptable. N'oublions pas au reste que ces formes ne se présentent pas toujours à l'état pur, et qu'il faut tenir compte de la manière assez variée dont elles peuvent se combiner. Évitons aussi la confusion trop fréquente entre l'ordre civil et l'ordre politique, le gouvernement et la société, auxquels la même désignation ne convient pas toujours. Ainsi une société, aristocratique ou démocratique par son organisation inférieure, peut être très monarchiquement gouvernée. Enfin ayons présentes les différences de l'état antique et de l'état moderne, mises singulièrement en oubli par des écrivains qui ont par là contribué à répandre bien des idées fausses dont la société ressent encore les fâcheux effets.

I. — Le luxe et la monarchie.

Le nom de Montesquieu reviendra plus d'une fois dans cette étude, et il n'y a pas lieu de le regretter ; il est de ceux qui illustrent une discussion et qui ont le plus de chance de la féconder en excitant la pensée, même lorsqu'ils provoquent les objections. L'auteur de *l'Esprit des lois* traite à plusieurs reprises la question des rapports du luxe avec les institutions politiques. C'est une des parties de son livre les plus sujettes à contestation : on y rencontre des énigmes, des idées qui surprennent par un air de paradoxe, de vraies erreurs, dont son temps a bien aussi sa part de responsabilité. Son tort ou son mérite est d'y avoir mis son empreinte, qui donne à tout un relief saisissant. Disciple de l'antiquité, il ne discerne pas toujours les conditions de la vie moderne. Pour lui, la propriété est une pure convention née de la loi et, du moins au début, une sorte d'usurpation. La richesse des uns est prise sur la part des autres. Cette idée était celle de la plupart des jurisconsultes comme des théologiens. Écoutez Bourdaloue, dans son sermon sur *l'Aumône*. « Selon la loi de la nature, dit-il, tous les biens devaient être communs : comme tous les hommes sont également hommes, l'un, par lui-même et de son fonds, n'a pas des droits mieux établis que ceux de l'autre ni plus étendus ; ainsi il paraissait naturel que Dieu… leur abandonnât les biens de la terre pour en recueillir les fruits, chacun selon ses nécessités présentes. » — « Quand le riche fait l'aumône, reprend Bourdaloue, conséquent avec l'idée qu'il vient d'énoncer, qu'il ne se flatte pas en cela de libéralité ; car cette aumône, c'est une sorte de *dette* dont il s'acquitte, c'est la *légitime du pauvre*, qu'il ne peut refuser *sans injustice*. » Tel est, avec une conformité de vues qui frappera tous les esprits attentifs, le fonds d'idées qu'a développées Montesquieu pour en tirer toute sa théorie des rapports du luxe avec les formes du gouvernement. « Pour que les richesses *restent* également partagées, écrit-il, il faut que la loi ne donne à chacun que le nécessaire physique. Si l'on a au-delà, les uns dépenseront, les autres acquerront, et l'inégalité s'établira. Supposant le nécessaire physique égal à une somme donnée, le luxe de ceux qui n'auront que le nécessaire sera égal à zéro ; celui qui aura le double aura un luxe égal à un ; celui qui aura le double du bien de ce dernier aura un luxe égal à trois ; quand on aura encore le double, on aura un luxe égal à sept ; de sorte que, le bien du particulier qui suit étant toujours supposé double de celui du précédent, le luxe croîtra du double plus une unité, dans cette progression, 0, 1, 3, 7, 15, 31, 63, 127. » telle est la théorie de Montesquieu. Elle résout la notion du luxe dans la notion de l'inégalité même. Le luxe, c'est « tout ce qui excède le nécessaire physique égal chez tous. » D'où il conclut que, « les richesses particulières n'ayant augmenté que parce qu'elles ont ôté à une partie des citoyens le nécessaire physique, il faut qu'il leur soit *restitué*. » Restitué ! Oui, cette phrase, qu'on pourrait croire de Jean-Jacques Rousseau, est bien de *l'Esprit des lois* ! Or les gouvernements sont seuls en état de faire cette restitution, ou plutôt d'obliger les riches à la faire, dans une mesure que Montesquieu considère comme variable, et par des procédés différents eux-mêmes selon la nature des institutions. La monarchie voulant le luxe, le riche restitue en dépensant beaucoup : moyen commode qui pourra ne pas paraître suffisant aux pauvres, s'il est vrai que la propriété soit une usurpation ! Des logiciens moins emportés qu'un Proudhon seront tentés eux-mêmes de le trouver peu satisfaisant au point de vue du juste, car enfin c'est une méthode singulière pour réparer une injustice de n'avoir d'autre pénitence à faire que d'en jouir. L'aristocratie, qui exige la *modération*, admettra les lois somptuaires que la monarchie réprouve. Elle ne permettra pas à l'inégalité d'aller trop loin ; elle fera restituer aux riches par des dons et des distributions publiques. La démocratie voudra des lois somptuaires au nom de l'égalité ; elle emploiera même un instrument plus efficace pour y ramener. Cet instrument d'une précision rigoureuse est mesuré par Montesquieu sur les calculs de progression que je viens de citer à propos de l'inégalité. Or quel est-il ? On ne doit pas hésiter à lui donner son vrai nom, c'est *l'impôt progressif*, mis en œuvre par certaines législations antiques. Montesquieu, qui les cite avec approbation, trouve d'autant moins d'objections à y faire que sa propre façon de raisonner aurait pu se passer en ce cas de l'autorité d'exemples historiques : la logique seule l'y conduisait.

I. — Le luxe et la monarchie.

Il y aurait, aujourd'hui surtout, dans l'état où des observations plus complètes ont amené les sciences sociales, il y aurait, pour l'économiste et pour le politique, bien des remarques à faire sur ces assertions. En politique, Montesquieu représente, au XVIIIe siècle, la raison et le savoir, au milieu d'écrivains qui procèdent par l'imagination et l'abstraction. Ce grand nom n'abrite pas moins ici des idées ou trop vagues ou fausses. Si dépenser beaucoup signifie la commande abondante de travail faite par les riches, ce moyen-là n'a rien d'exclusivement monarchique. C'est le lien même de la société ; c'est la condition à laquelle vit la masse des hommes. En comparaison, les distributions de vivres, les taxes sur les riches, ne sont rien. Entend-on par dépenser beaucoup dépenser n'importe comment, et fait-on l'éloge de la prodigalité ? Montesquieu contredirait alors d'excellents passages où il la condamne. Le tort de l'illustre écrivain est trop souvent, dans cet examen de la question du luxe, de subordonner des vérités essentielles à de prétendues convenances politiques, soit pour poser des règles, soit pour motiver des exceptions. Ainsi il veut exceptionnellement dans la monarchie elle-même des lois somptuaires, quand les achats de luxe à l'étranger épuisent le numéraire et la richesse du pays, opinion qui s'inspire de préjugés économiques et que justifie peu la convenance politique. Subordonner la question du régime des dots à celle du luxe dans ses rapports avec les institutions, c'est risquer de prendre la question par un seul côté, qui n'est pas, tant s'en faut, le plus décisif. Il veut que les dots soient considérables dans les monarchies, pour que les maris se trouvent mis au niveau du luxe établi, médiocres dans les républiques, où le luxe ne doit pas régner. Il juge de même la communauté des biens entre le mari et la femme très convenable dans le gouvernement monarchique, où elle intéresse les femmes aux affaires et au soin de la maison, peu convenable dans les républiques, où « les femmes ont plus de vertu. » Il y a bien de l'arbitraire dans ces prétendues convenances ou nécessités. Il serait tout aussi vraisemblable de soutenir que la communauté des biens entre le mari et la femme s'impose davantage dans les républiques, comme plus conforme à l'esprit d'égalité ; en tout cas, d'autres raisons, économiques et juridiques, bien plus concluantes que le luxe et que la forme politique, servent à résoudre cette grosse question du régime des dots. Enfin la vertu de femmes sous les républiques, par opposition aux autres gouvernements, ne paraît pas être un de ces axiomes qu'il faille accepter les yeux fermés. Ce sont de singulières républicaines que les héroïnes de Boccace. Il est bien permis de croire que les femmes de la noblesse et de la bourgeoisie, à tel moment de la vieille monarchie, peuvent soutenir avec quelque avantage la comparaison. C'est sur l'histoire que Montesquieu prétend marcher constamment appuyé ; c'est l'histoire qui lui fournit tant de vues profondes, et, ce que son œuvre a de plus admirable, c'est d'être un immortel monument élevé à la méthode historique. Eh bien, les règles qu'il pose sur le luxe en rapport avec les institutions sont plus souvent démenties que justifiées par les faits. — La monarchie, dit-il, ne fera pas de lois somptuaires : or toute son histoire en est remplie. — L'aristocratie, dit-il encore, sera modérée quant au luxe : or rien de plus immodéré que l'histoire du luxe dans les aristocraties. Les républiques, ajoute-t-il enfin, seront vertueuses et n'auront pas de luxe : or qui sait mieux que Montesquieu que la république romaine a passé les trois quarts de son existence à ne pas être vertueuse et à abuser du luxe ?

Et pourquoi cet échafaudage si ingénieusement laborieux ? Pour aboutir à reconnaître qu'en fait le luxe s'est montré souvent pernicieux sous la monarchie jusqu'à en ébranler le principe et l'existence même. C'est au sujet de la Chine qu'il le démontre en fort beaux termes. N'y a-t-il donc qu'en Chine que pareille chose se soit vue ? N'est-ce qu'en Chine que des dynasties qui avaient commencé par les mâles vertus des conquérants ont fini par une série de successeurs amollis par le faste et les délices ? L'auteur des *Lettres persanes*, si habitué aux malignes allusions, n'a d'yeux ici que pour la Chine. Il ne fait sur d'autres pays plus rapprochés aucun retour direct ni indirect ; c'est bien sur les vingt-deux dynasties chinoises qu'il épuise sa sévérité. Aussi les lois somptuaires seront-elles excellentes en Chine pour ce motif et pour d'autres fort contestables ; mais si elles sont bonnes à Pékin, pourquoi ne le seraient-elles pas à Paris ? Ou plutôt seront-elles efficaces quelque part ? Nous dira-t-il qu'il n'en faut pas en France, où la monarchie repose sur l'*honneur* et sur la nécessité de beaucoup dépenser ? Je ne sais pas bien ce que la cupidité des nobles contemporains de Law et du régent avait de commun avec l'honneur, mais j'avoue

I. — Le luxe et la monarchie.

que, quant à la nécessité de beaucoup dépenser, tous, princes et riches, s'en acquittèrent à merveille jusqu'en 1789, Finissons-en avec ces remarques, qui n'impliquent à aucun degré l'idée de rabaisser un monument autour duquel l'ignorante indifférence de la foule peut faire le vide, sans en lasser les amis des pensées fortes en philosophie politique et en histoire Montesquieu n'est pas le seul homme de génie qui se soit montré habile à voir clair où les autres ne découvrent rien, sans savoir toujours discerner ce que d'autres plus médiocres aperçoivent clairement avec des yeux ordinaires.

C'est ce qui nous encourage à dire quelques mots des rapports du luxe avec la monarchie. Il faut mettre à part le despotisme pur. Ce pouvoir d'un autocrate qui s'exerce sans nulle limité en droit ni en fait ne peut être entièrement confondu avec la monarchie absolue, telle que l'ont connue les modernes, et notamment la France ; cette sorte de gouvernement, quels qu'en aient été les abus, n'existe guère sans rencontrer quelques barrières légales ou du moins morales. A plus forte raison, ces deux formes ou, si l'on veut, ces deux nuances tranchées se distinguent de la monarchie tempérée, représentative ou constitutionnelle. Celle-ci semble offrir avec les précédentes non plus seulement une différence de degré, mais de nature. Elle admet le droit populaire à sa base et dans son exercice même. Elle se meut dans le cercle régulier, infranchissable, des constitutions et des lois. Le luxe despotique aura le caractère d'une fantaisie *désordonnée*, telle qu'on peut l'attendre de rêves illimités au sein d'une puissance assez grande pour tout oser : toute-puissance apparente, sans force devant la nature des choses. De là cette fureur qui prend mille formes. Cette disproportion entre les entreprises d'une ambition sans bornes et les limites qu'elle rencontre dans le monde extérieur et dans notre nature même fait comprendre le caractère inquiet du luxe despotique, explique ses tentatives démesurées, ses œuvres colossales, ses caprices malsains. Alimentées à la source amère de l'ennui, exaltées par la satiété même, ses folies se ressentent de cette origine. On a peint souvent des despotes livrés au luxe ; c'est le despotisme dans le luxe que nous essayons de montrer, laissant faire sa tâche à l'histoire, qui préfère les portraits aux types, et qui étale devant nous une collection de monstres, comme si ces criminelles fantaisies n'étaient que des singularités. On semblait voir par exemple une exception dans Caligula, qui assaisonne de caprices sanguinaires son amour pour les spectacles, et qui, manquant un jour de criminels à jeter dans l'arène, y précipite quelques-uns des spectateurs. Ce serait vrai si Claude, plus débonnaire, n'avait aussi forcé à combattre des employés des jeux, sous le frivole prétexte d'une machine qui avait manqué son effet, si Néron n'avait fait subir le même traitement à des chevaliers et à des sénateurs, si on ne citait d'autres fantaisies analogues d'un Domitien, d'un Commode, d'un Galerius, et de tant d'autres. On a paru croire aussi que l'exception est dans la corruption romaine, qui semble calomnier le despotisme lui-même. La preuve du contraire est partout. L'histoire de l'empereur Cheou-sin, onze cents ans avant l'ère chrétienne, vaut celle d'Héliogabale. La femme de cet empereur fit élever à la débauche un temple fastueux, elle y passait des jours et des nuits, mêlant des raffinements de luxe sans nom à des voluptés infâmes et à d'atroces supplices. Sous une autre dynastie, l'empereur Yeou-wang et sa digne épouse Pao-sse marchent dans cette même voie jusqu'à ce que le soulèvement de leurs sujets et l'invasion des tartares aient mis un terme à leurs excès et à leur vie. Quel empereur romain entrerait en parallèle avec le terrible réformateur Hoang-ti ? Après avoir noyé les abus dans le sang, il s'entoure lui-même d'une pompe inouïe, possède dix mille chevaux dans ses écuries, dix mille femmes dans son harem. Il termine cette vie fastueuse par de plus fastueuses funérailles. On immola sur son tombeau plusieurs milliers d'hommes dont la graisse servit à entretenir des milliers de torches funéraires. Voilà le despotisme dans sa grossièreté fastueuse : les accessoires, les décors seuls varient.

Tacite dit d'un de ces despotes qu'il a peints avec le plus d'énergie un mot admirable : *Ut erat incredibilium cupitor* ; il voulait l'*incroyable* ! Ce mot s'applique au luxe despotique lui-même, à ce luxe qui construit des colosses, sauf ensuite à les trouver trop petits, qui invente de monstrueux plaisirs dont il se fatigue, qui se crée au besoin d'inutiles obstacles pour les renverser, et qui incessamment change sans autre objet que le changement. Il veut l'incroyable ! C'est là sa devise et le principe de ses folies, de sa nature insatiable, toujours en quête de nouveaux rêves.

On a plutôt diminué qu'exagéré la part du luxe et de la cupidité dans les crimes du despotisme. La raison d'état a souvent caché d'inavouables convoitises. On allègue des cruautés pour la sécurité du prince, et ce qui se trouve au fond ce sont ces désirs infinis et la volonté de subvenir à d'excessives prodigalités. Mais ces violences qui se terminent à une élite, ces violences amnistiées par l'opinion populaire, trop souvent disposée à voir des vengeurs dans les despotes qui faisaient participer la masse, sous forme de plaisirs publics, au fruit de leurs rapines, devaient être complétées par l'oppression de la masse elle-même, condamnée à porter le fardeau ai faste constructeur sous la forme non-seulement d'impôts à payer, mais de corvées effroyables. Ici on cesse de compter les victimes ; nui abus plus odieux n'a été fait de la force humaine, et l'on en suit la trace à partir des Pyramides. Au reste, un mot suffira pour donner une idée de ce que le despotisme a su en tirer de prodiges : la mécanique moderne se reconnaît vaincue devant telle de ces œuvres ; elle ne se chargerait pas toujours de faire avec des machines ce qu'elle ne peut même s'expliquer qu'on ait fait avec des hommes !

Je ne fais qu'indiquer les effets connus de cet abus de gouvernement sur le luxe. On croit qu'il l'étouffé par la crainte ; en réalité, il le développe. Non-seulement il détourne de ce côté les âmes dégoûtées des affaires publiques, mais il en fait une sorte de calcul de prévoyance par la préférence donnée aux objets précieux et rares, aux matières d'or et d'argent, aux pierreries, sur la terre, qu'on surtaxe et qu'on pille. Ce n'est pas le despote seul qui possède ces parures magnifiques, ces *trésors* remplis de richesses de tout genre, comme on le voit encore en Orient. Tous les riches sont de même. Ce n'est pas là une simple affaire de goût, c'est une nécessité qui ne peut qu'entretenir les habitudes de paresse et de vice inhérentes à une richesse toute faite, qu'on ne reproduit et ne renouvelle pas, qui n'exige aucun effort pour se perpétuer de la part de ses possesseurs ni de la masse privée de travail et des éléments du bien-être. Il est curieux que la prodigalité sorte du même défaut de sécurité qui engendre ces accumulations qu'on prendrait pour de l'avarice, et rien pourtant n'est plus vrai. Il est naturel après tout qu'on dissipe en jouissances rapides des richesses menacées et compromettantes. Se laisser ruiner par les passions d'autrui, quand on peut avec le même or satisfaire les siennes, serait duperie. On se précipite dès lors dans la ruine volontaire au sein des voluptés, comme il arrivait, au temps du despotisme impérial à Rome, qu'on se dérobât aux tortures par une mort de son choix. Ce n'est là ni un tableau de fantaisie ni une simple page d'histoire ancienne ; on trouve à vérifier ces observations dans ces provinces orientales aujourd'hui si désolées, et j'en vois la preuve écrite dans le récit que faisait un voyageur français en Moldavie et en Valachie il y a environ quarante ans.[1] C'est un jeune boyard qui décrit à notre spirituel compatriote les maux de son pays, et qui les attribue aux mêmes causes que nous venons d'indiquer. C'est le luxe qu'il accuse, et c'est le despotisme qu'il en rend responsable. Si dans les emplois publics on pillait du petit au grand, c'était la faute de ce désir de paraître, devenu la passion dominante. Et pourquoi était-on si pressé de jouir ? C'est que tout était précaire. Que ferait-on autre chose que de se livrer au jeu, au luxe ou au libertinage ? y a-t-il d'autres jouissances qu'un régime à la fois si peu sûr et si oppressif permette et autorise ? C'est là encore ce qui fait comprendre ce faste incohérent, ces armées de domestiques, ces vêtements magnifiques, ces riches équipages, avec l'absence des aisances les plus habituelles en Europe. On a des bijoux, des objets précieux de tout genre, et ce qui serait ailleurs le nécessaire fait défaut. C'est le luxe Turc qu'on a pris, faute de mieux, et sous l'influence des mêmes causes qui ont produit le luxe Turc.

J'ai distingué le despotisme et la monarchie absolue, l'un qui apparaît surtout sous les traits du despotisme orientai et païen, l'autre qui présente une forme de gouvernement moins brutale. Théoriquement, je n'ai ni le mérite, ni le tort de cette distinction. Je la rencontre d'abord dans Bossuet. L'auteur de la *Politique tirée de l'Écriture sainte* parle du despotisme avec une horreur dont témoignent les maximes suivantes devenues, dans son livre, autant de têtes de chapitres : « Tous les hommes sont frères. — Nul homme n'est étranger à un autre homme. — Chaque homme doit avoir soin des autres hommes. — L'intérêt même nous unit. — Il faut joindre les lois au gouvernement pour le mettre dans sa perfection. — La loi est sacrée et inviolable. — Le prince n'est pas né pour lui-même, mais pour le public. — Le prince inutile au bien du peuple est puni aussi bien que le méchant qui le tyrannise. — Le gouvernement doit être doux, etc. » — Bossuet commente encore

---

1 M. Saint-Marc Girardin, *Souvenirs de voyage.*

ces paroles de David sur le roi qui a jugera le peuple avec équité, et fera justice au pauvre. » Il paraphrase ce sublime anathème d'Isaïe contre les despotes : « Malheur aux pasteurs d'Israël qui se paissent eux-mêmes. Les troupeaux ne doivent-ils pas être nourris par les pasteurs ? Vous mangiez le lait de nos brebis, et vous vous couvriez de leurs laines… Vous n'avez pas fortifié ce qui était faible, ni guéri ce qui était malade, ni remis ce qui était rompu, ni cherché ce qui était égaré, ni ramené ce qui était perdu ; vous vous contentiez de leur parler rudement et impérieusement… Et voici ce que dit le Seigneur : « Je rechercherai mes brebis de la main de leurs pasteurs, et je les chasserai, afin qu'ils ne paissent plus mon troupeau et ne se paissent plus eux-mêmes, et je délivrerai mon troupeau de leur bouche, et ils ne le dévoreront plus. » Et pourtant Bossuet écrit : « L'autorité royale est absolue. » Il l'entoure pour la contenir du cortège des vertus chrétiennes, il la menace de la colère divine, il trace enfin un idéal de royauté qui serait admirable, si des freins tout moraux suffisaient à refréner les passions humaines. La même distinction se retrouve dans Montesquieu. « Point de monarque, écrit-il, point de noblesse ; point de noblesse, point de monarque, mais un despote. » Une hiérarchie héréditaire entoure, soutient, et, dans une certaine mesure, contient la monarchie absolue, tandis que le despotisme n'est qu'une société d'égaux sous un maître. Voilà ce que Montesquieu marque admirablement. La distinction n'est donc pas vaine, et elle est loin d'être sans conséquences quant au luxe. Il serait peu équitable d'assimiler les excès de luxe de la monarchie française, même au temps où elle se rapprochait le plus de la monarchie absolue, à ce luxe effréné du despotisme oriental et romain. Il est vrai qu'on s'est plu à atténuer et ce luxe romain lui-même et ces excès chez les empereurs, en montrant chez nous un luxe qui atteindrait à des proportions supérieures encore. J'avoue que je ne saurais souscrire à ces conclusions, déjà indiquées dans la célèbre *Histoire romaine* de M. Mommsen, et qu'a développées un érudit, M. Friedlænder, dans un tableau des mœurs romaines depuis Auguste jusqu'à la fin des Antonins. Je crains que l'auteur allemand n'ait trop confondu l'étendue du luxe avec ses excès. Les anciens possédaient moins de richesse et moins d'objets de luxe, mais ils en abusèrent, nous persistons à le croire, bien davantage. Il n'importe guère qu'on allègue la magnificence coûteuse de tels repas ou de telles fêtes donnés à des jours exceptionnels dans nos palais ou nos hôtels de ville. Ces dépenses et toutes celles de luxe sont loin de prendre, autant qu'à Rome, sur l'ensemble des revenus particuliers et publics. Elles n'ont pas le caractère extravagant qu'on reproche souvent à bon droit au luxe romain et en particulier à celui des empereurs. Je ne prétends taire aucune des profusions scandaleuses de nos rois ; mais une invincible justice s'oppose à ce que l'on compare le plus magnifique et le plus fastueux, comme le plus absolu d'entre eux, à ces empereurs qui firent asseoir sur le trône de l'univers un luxe pervers et insensé. On cite des bravades de prodigalité imputables à notre noblesse. Soit : tout ce qu'on soutient ici, c'est que cette sorte de luxe qui jette un défi à la nature, dépense pour dépenser, détruit pour détruire, tient sensiblement moins de place dans nos sociétés, et joue un bien moindre rôle dans les monarchies modernes. Je ferai seulement quelques rapprochements. Les temps modernes ont vu de capricieuses maîtresses de rois se permettre toutes les fantaisies dispendieuses : elles ont pu se montrer aussi jalouses d'étaler des perles qu'une Cléopâtre ; il est douteux qu'aucune aurait eu l'audace, si elle en avait eu l'idée, de dissoudre et d'avaler ces perles précieuses par un jeu insensé. Je chercherais en vain dans le luxe des tables quoi que ce soit d'analogue à ces ridicules plats d'oiseaux parleurs et chanteurs dont l'unique mérite était de coûter des sommes folles. Si le luxe de la monarchie absolue a pu sacrifier des hommes pour arriver à ses fins, il ne s'est pas complu dans l'idée abominable, si fréquente chez ces âmes profondément perverties, que c'était là une nouvelle saveur ajoutée au plaisir que l'on goûtait. C'est là une distinction qu'on ne saurait effacer sans nier ce progrès relatif qui diminue le mal, même quand ce mal reste effrayant, ce qui est le cas de la monarchie absolue.

Je n'ai garde ici d'entrer dans les détails ; il suffit que ce soit presque un lieu commun que de rappeler les abus fastueux qui forment une partie considérable de son histoire. On a décrit ses fêtes excessives, ses profusions sans limites, ses palais où un luxe ruineux était le ton obligé des courtisans. On sait que sa domesticité formait tout un monde, une organisation hiérarchique, et que dans ces maisons royales la dépense semblait croître avec l'inutilité de l'emploi. Des milliers de fonctions parasites et le seul train de la vie quotidienne engloutissaient des sommes supérieures à celles qui défrayaient d'importants services. Il ne suffirait pas aujourd'hui, alors que tant de moyens de connaître à fond ces abus s'offrent à nous, de les rappeler en termes généraux. On ne peut non plus les couvrir du voile d'une sorte de complicité, comme Voltaire le fait quelquefois au sujet de Louis XIV, à cause de l'éclat qui s'y est mêlé. Non pas qu'on puisse contester non plus, avec les historiens qui se complaisent à dénigrer le passé, d'une grande monarchie, dans les conditions historiques où elle s'était constituée, une part légitime de représentation et de splendeur ; mais, sans crier trop tôt à l'abus, et sans puritanisme pédantesque, on a le droit de pénétrer jusque dans les détails de ce luxe de cour, véritablement sans limites ni réserve, parce qu'il était sans contrôle. La partie de ses comptes qui subsiste aide à supposer celle qui a disparu. On peut en tirer cette conclusion que les gaspillages du luxe parasite tiennent encore plus de place qu'on était disposé à le croire dans les-embarras financiers de l'ancienne monarchie.

Ce serait une question même à ce propos de savoir si les femmes, considérées comme objet de luxe royal, n'y ont pas coûté plus cher, ne sont pas entrées dans la ruine générale pour un chiffre plus fort, que le despotisme. Nous n'hésitons guère à l'affirmer pour notre compte, et nous croyons que la monarchie absolue a ouvert ici une source de luxe et de prodigalités qui peut passer pour une de ses inventions les plus originales. « Dans les états despotiques, dit Montesquieu, les femmes n'introduisent pas le luxe, mais elles sont elles-mêmes un objet de luxe. » Ainsi elles n'introduisent pas le luxe : c'est déjà bien quelque chose. En effet, elles sont extrêmement esclaves. De plus, « comme, dans ces états, les princes se jouent de la nature humaine, ils ont plusieurs femmes, et mille considérations les obligent de les renfermer. » Donc on ne les prend pas pour modèles. La débauche, voilà le luxe du despotisme, et il ne laisse pas de coûter assez cher, surtout par les effets indirects. La polygamie, avec ses marchés où les femmes sont vendues comme des troupeaux, et avec son entretien coûteux, est à vrai dire la lèpre de ce régime. Sans vouloir l'accepter en échange de nos abus modernes en ce genre, je persiste à soutenir que le règne des favorites a coûté plus cher que tous les harems. Le même grand écrivain que je viens de citer dit à ce sujet : « Les femmes ont peu de retenue dans les monarchies, parce que, la distinction des rangs les appelant à la cour, elles y vont prendre cet esprit de liberté qui est à peu près le seul que l'on y tolère. Chacun se sert de leurs agréments et de leurs passions pour avancer sa fortune, et comme leur faiblesse ne leur permet pas l'orgueil, mais la vanité, le luxe y règne toujours avec elles. » On a pu mesurer cette influence sur les modes, où elles ont porté la magnificence et la mobilité, plus coûteuse encore, et sur les mœurs elles-mêmes, qui s'en ressentent de tant de manières. Cette action générale exercée par les femmes sur le luxe est due en partie à l'influence qui constitue un fléau plus moderne, et que je viens de désigner sous son vrai nom : le règne des favorites. Qu'on ne nous dise pas que les despotes ont parfois élevé au plus haut rang une de leurs concubines : ces femmes n'ont pas régné. Leur exemple n'a pas répandu la contagion du luxe ; elles n'ont presque jamais eu d'action sur la politique. Les favorites au contraire propagent et corrompent le luxe par l'influence de la cour sur la ville : elles envahissent le gouvernement, qu'elles n'ont guère manqué d'avilir. Pour combien, dans ce bilan du luxe des monarchies absolues, où la galanterie même est devenue une affaire d'état, faudra-t-il compter les trafics de places, les intrigues secrètes, les marchés où les intérêts publics sont sacrifiés, où la situation même du pays est compromise au dehors par des choix indignes, par des menées qui prennent pour point d'appui l'intérêt, le caprice, la fortune d'une femme ! Il est étrange que ce soit la conséquence d'un progrès, — l'importance morale et sociale rendue à la femme par les nations occidentales et chrétiennes, — et n'y a-t-il pas lieu de s'étonner qu'il faille voir dans la domination d'une courtisane l'effet indirect des idées qui furent répandues dans le monde par la chevalerie ?

Les arts prêteraient au même parallèle, où l'on trouverait la monarchie absolue supérieure, malgré ses vices, au despotisme pur, qui n'a guère mis sur eux la main que pour les corrompre. Il n'a produit en effet ou encouragé à se produire que des choses excessives et de mauvais goût, tantôt des colosses qui rappellent la nature violente et l'ambition disproportionnée à l'humanité où éclate la nature de ce régime, tantôt des œuvres d'une grâce fausse, d'un genre maniéré, d'une mollesse affadie. Dans ces œuvres sans âme, la sensualité énervée domine, quand ce n'est pas la débauche qui s'y étale. Tel sera l'art efféminé du temps des Néron et des empereurs byzantins, ou plutôt tel sera l'art partout où le despotisme s'établira, si les arts subsistent sous son ombre. La monarchie absolue n'a pas été sans mériter plus d'une fois les mêmes reproches sous ce dernier rapport. Elle a paru se complaire aussi dans ces œuvres que n'anime aucun souffle moral ; mais elle n'a pas fatalement suivi cette loi d'abaissement. La protection des arts, comme des sciences et des lettres, y remplit plus d'une page glorieuse. On l'a vue porter même dans le luxe, poussé jusqu'à des limites bien reculées, la grandeur et le goût, conformes au naturel du prince et au caractère du siècle, qui s'est empreint dans toutes les œuvres nées de son génie.

Le luxe public fait naître des observations analogues. S'il a eu de fâcheux côtés, il en a eu de meilleurs qu'on ne saurait méconnaître à ces époques où, la masse s'identifiant avec la monarchie, le luxe royal semblait devenir le luxe national. Telles sont ces cérémonies et ces pompes dont la monarchie marquait toutes les grandes dates de son existence. Ces moments d'enthousiasme sont comme l'âge d'or des monarchies. Plus tard la réflexion vient avec le désenchantement. Il arrive même que le peuple, livré naguère à une satisfaction irréfléchie, se montre plus d'une fois injuste, amer, dénigrant. Dans ces temps de scepticisme mécontent, tout luxe royal l'offense, et toute solennité blesse ses regards, — sentiment qui, lorsqu'il éclate en pleine prospérité, annonce qu'une heure fatale a sonné : la monarchie fondée sur l'enthousiasme a cessé d'être. Elle est sur le point de disparaître dans les profondeurs de l'histoire, ou du moins elle ne sera plus qu'un gouvernement de réflexion et de raison. En de pareils temps, le problème du luxe public devient fort difficile à résoudre, car l'imagination qui aidait à le produire et à en jouir s'est éteinte. Le peuple sait qu'il paie, et il n'est plus si sûr que les spectacles qu'on lui offre l'amusent et l'intéressent. La froide défiance, l'ironie sèche, ont dissipé tous les prestiges. La quantité de plans qu'on fait alors pour restaurer un luxe public populaire prouve elle-même la difficulté de l'entreprise, dans le vide laissé par des croyances plus simples et par des mœurs plus naïves.

Nous terminerons ce qui concerne la monarchie absolue comparée au despotisme par une observation qui explique en très grande partie la diversité de leur luxe : nous voulons parler de la différence des origines qu'ils s'attribuent l'un et l'autre. Le monarque absolu des temps modernes n'est plus dieu. Le despote n'attendait pas la mort pour recevoir l'apothéose ; il possédait de son vivant des temples où fumait un encens perpétuel. Il s'efforçait de réaliser sur la terre, et dans son palais même, l'Olympe où sa place était marquée d'avance. Le christianisme a ramené le monarque absolu aux proportions de l'humanité, comme le judaïsme l'avait fait déjà pour ses rois. Le souverain n'est plus dieu, mais élu et représentant de Dieu sur la terre. Cela, au sens chrétien, ne lui confère aucun droit contre la morale ; loin de là : le roi encourt une terrible responsabilité pour ses actes comme roi et comme homme ; juge, il sera jugé à son tour. Mais en fait l'idée de droit divin, quoique moins difficile à porter pour la faiblesse humaine que celle d'une divinité personnelle qui donne tous les droits, a suffi pour créer un rang à part qui demandait une représentation hors ligne et, il faut le dire, bien voisine d'un culte. Point d'adoration idolâtrique, mais des respects et un éclat qui tiennent aussi des sentiments et des pompes d'une religion. Voilà comment il a pu se faire que l'Olympe s'est trouvé de nouveau comme ressuscité par une allégorie superstitieuse, en l'honneur de ces princes, que l'Évangile devait rendre humbles, et que l'idée d'une supériorité surnaturelle a contribué à rendre orgueilleux. Tin roi très chrétien a pu être présenté aux regards sous les traits de Jupiter et d'Apollon. Veut-on savoir quel est, si on ose ainsi parler, le *minimum* de représentation qu'une telle royauté comporte ? Qu'on lise dans le livre sur la politique sacrée, écrit sous le plus grand des rois, par le plus grand des évêques, le tableau des somptuosités de tout genre qui conviennent à cette sorte de royauté. Salomon est présenté comme le type auquel peut être rapporté ce faste monarchique, qui ne saurait, sans déchoir, beaucoup s'en éloigner. On ne veut pas que le cœur du prince en soit enflé ; mais on l'entoure de toutes les splendeurs qui peuvent environner un trône, splendeurs éblouissantes, énumérées avec une magnificence incroyable par l'éloquent commentateur qui met si naturellement son style en rapport avec les pompes qu'il décrit.

Quand donc viendra le temps où la monarchie demandera moins de prestige aux pompes extérieures, où se trouvera réalisé le vœu qu'avait osé exprimer La Bruyère, pour restreindre du moins l'excès

I. — Le luxe et la monarchie.

de magnificence des vêtements et des ornements qui couvrent la personne du prince ? « Le faste et le luxe dans un souverain, c'est le berger habillé d'or et de pierreries, la houlette d'or en ses mains ; son chien a un collier d'or et de soie : que sert tant d'or à son troupeau ou contre les loups ? »

Pour que cette simplicité, relative du moins, paraisse conciliable avec la monarchie, il faudra de grands changements dans la pensée des hommes, de grandes révolutions dans la société. La monarchie se dépouille alors de ces magnificences qui rappelaient, soit sa consécration religieuse, soit sa brillante jeunesse, mêlée aux aventures féodales. Plus de mystère sur son berceau. Voici l'ère des monarchies représentatives et constitutionnelles, nées de la raison publique et du consentement populaire. Elle emporte avec elle toute la partie symbolique du luxe royal. Ce qui peut être dit de cette monarchie se réduit à peu de mots. On ne saurait affirmer qu'elle repousse toute représentation. Il y en a une part qu'exige toute institution monarchique. Seulement cette part est fort limitée. Elle l'est par les origines mêmes de cette forme de gouvernement ; elle l'est par la publicité des dépenses et par les bornes de ce que le langage sévère de la comptabilité moderne appelle une « liste civile. » Sous ce genre d'institutions, le luxe pourra, selon les temps, le lieu, le caractère du prince, paraître encore parfois comme un épisode : il ne fixera plus les regards de l'historien comme une de ces conditions, un de ces ressorts qui font partie du pouvoir, il ne sera plus un de ces faits de très grande importance qui touchent de toutes parts aux intérêts les plus essentiels des peuples.

II. — Le luxe et l'aristocratie.

C'est une vérité historique qui ne souffre guère d'exception que l'aristocratie, considérée comme classe gouvernante, débute par la simplicité, et n'aboutit au luxe qu'en dégénérant.

Dans la première époque des patriciats, les habitudes sont sévères, dures même, comme le sont aussi presque toujours les croyances religieuses primitives : la vie est à peu près réduite au nécessaire rigoureux ; il y a peu de monuments publics ; seul, le temple présente quelques traces de luxe. Si le patricien en offre certaines marques sur sa personne, c'est dans les cérémonies : c'est l'homme public qui se montre aux regards avec les insignes de la magistrature qu'il exerce. Les aristocraties, dès qu'elles sortent de cette période, ne font guère commencer leur luxe privé qu'à la mort, par la pompe des funérailles, signe de l'orgueil de race, qui devait être à Rome la première cause des lois somptuaires. Cet âge héroïque de la simplicité devait s'épuiser comme tout ce qui est humain. Il y fallut beaucoup de temps. Pour entamer les vieilles mœurs et les antiques institutions, il fallut que la richesse agît comme un de ces dissolvants auxquels rien ne résiste, et qui ont raison du plus dur granit à la longue. Révolution mémorable et moment pathétique, on peut le dire, dans le développement intérieur des peuples, que celui qui vit la richesse prendre place à côté de la naissance ! L'histoire elle-même a consigné le souvenir de ces crises solennelles, et recueilli les cris de malédiction qui accueillirent le luxe naissant ; on les entend à Rome, quand la noblesse se fait elle-même l'instrument de cette révolution, en s'enrichissant des dépouilles des nations vaincues. Le cri d'alarme retentira dans notre France au jour où la richesse mobilière battra en brèche la richesse territoriale. Plus d'une fois la loi somptuaire paraîtra l'arme défensive de cette aristocratie, séduite elle-même par le luxe, et qui voudra en défendre le privilège contre la bourgeoisie rivale ! Mais du moment qu'elle avait consenti à compter avec cette richesse, à la rechercher et à s'en parer avec orgueil, cette aristocratie était vaincue déjà, car elle l'était dans l'intégrité de son principe. La race passait au second rang : les services désintéressés et les distinctions honorifiques s'effaçaient devant les récompenses pécuniaires. Le luxe devenait le mobile d'activité d'une classe étrangère jusqu'alors au calcul. Elle se rapprochait du peuple par les mariages. Elle laissait déchoir le vieil et inflexible orgueil de race qui se repaissait de la gloire d'un nom : ce ne fut plus qu'une vanité humiliée quand la fortune ne s'y joignait pas.

Nous distinguerons les aristocraties territoriales, — qui presque partout et pour un temps plus ou moins long ont pris la forme de féodalité, — et les aristocraties commerçantes.

L'aristocratie féodale a eu son luxe reconnaissable à certains traits généraux. Tels sont : un nombre de serviteurs exagéré, une hospitalité surabondante, une profusion des tables, dont aucune autre sorte d'institution n'offre à ce point le développement. Cela fut poussé jusqu'au prodige. Jamais on ne rencontre ailleurs.de si interminables nomenclatures de mets et de boissons : on les croirait tirées de Rabelais, et pourtant elles sont authentiques. On ne peut justifier un peu ces repas, qui semblent ceux de gens affamés, qu'en ajoutant que la table fut un lien, rapprocha les distances. Les serfs en aimèrent mieux ou en détestèrent moins leurs seigneurs. Si l'intempérance de ces fabuleux festins doit être blâmée, on doit reconnaître aussi qu'elle était exceptionnelle, en contraste complet avec l'austérité de la vie quotidienne et avec ses privations si fréquentes. Je me borne à nommer les autres attributs du luxe féodal, les grandes chasses, les chevaux de race, l'éclat des costumes, la richesse des armes, les pompes de l'appareil militaire. Avec quel éclat elles se déploient dans les guerres, dans les tournois, aux entrées solennelles, où figurent de longues troupes de brillants cavaliers qui lentement défilent ou passent avec une rapidité inouïe, sur leurs chevaux magnifiquement caparaçonnés, comme dans un rêve de l'Orient !

Même dépouillée des caractères qui constituaient la féodalité, l'aristocratie territoriale a retenu quelques-uns de ces traits, adoucis par la civilisation, et plus d'une fois épurés de la rouille grossière des anciens temps. Plus solide, en général plus varié, moins excessif, quoique abusant encore d'une surabondante domesticité, tel est le luxe de ces aristocraties. Il unit dans une plus forte proportion l'utile à ces arts brillants qu'au moment le plus avancé de son développement la féodalité n'avait pas dédaigné d'introduire dans ses demeures. Cette nouvelle aristocratie foncière, fille des âges plus sérieux, renonce à une partie des goûts fastueux qu'elle devait à la chevalerie. Aux solennités guerrières d'autrefois, elle aime souvent à faire succéder les fêtes du travail et de l'agriculture. Est-il besoin de caractériser en termes abstraits ce genre de luxe aristocratique, quand le modèle est là vivant sous nos yeux, et faut-il prononcer le nom du pays où il se développe pour que chacun le reconnaisse ? On l'a bien des fois décrit, ce pays prospère, où la liberté même rend les terres fertiles. En vain chaque partie de ce sol est-elle mise à haut prix par la plus riche culture qui soit au monde, on trouve là encore des milliers de parcs étendus. L'aristocratie ne renonce pas si aisément aux vastes promenades, ni à ces immenses espaces que réclame l'habitude féodale de la chasse, qui ne s'est pas perdue. Mais, dans ces beaux parcs, les troupeaux paissent en compagnie des daims et des cerfs, et le gibier qu'on poursuit ne fait pas tort à celui qu'on nourrit pour en tirer un revenu. De vastes pelouses réjouissent l'œil, de majestueux arbres séculaires impriment l'idée de la durée des grandes races aristocratiques, qui laissent mourir les chênes de vieillesse, et conservent tout sans rien détruire. Oui, mais ces beautés du paysage n'empêchent pas tout à côté d'utiles expériences de culture forestière. Un tel luxe impose, il ne choque pas, et devant les images de sécurité, d'antiquité, d'harmonie, qu'il présente à l'esprit, l'idée d'une haineuse envie ne s'offre pas à la pensée.

Les aristocraties foncières n'ont pas même besoin de cette antiquité vénérable pour donner au luxe solide qu'elles montrent dans leurs riches habitations rurales cette apparence qui attire plus de respect que de malveillante jalousie. Le pays auquel on vient de faire allusion en offre la preuve vivante. Le mot de *race* est loin de s'appliquer toujours en Angleterre à ces familles qui portent de grands titres et possèdent de grands domaines ; elles ne représentent souvent que la fortune et le talent venant prendre place dans les rangs d'une aristocratie ouverte. Ces parvenus de la richesse nouvellement anoblis n'ont pas les défauts qu'on reproche généralement aux fortunes récentes et à la noblesse de fraîche date. Il semble que la terre communique à leur luxe même quelque chose de sérieux. Ils datent d'hier, et déjà ils semblent anciens.

Veut-on une preuve non moins frappante que cet effet produit sur le luxe est bien en réalité le résultat de l'aristocratie foncière ? Comparez, en Angleterre même, le luxe des plus opulents marchands avec celui de cette aristocratie de naissance ou de formation qui a jeté ses racines profondes et vivaces dans le sol britannique. Leur luxe n'a pas cette grandeur, et, si l'on ose dire, cette aisance. Il voudrait éblouir, et il se perd dans les mesquines recherches du confortable. Il prodigue les preuves extérieures de la richesse et les ornements, mais l'art véritable ne lui manque pas moins que la nature, et ce faste uniforme, qui ne trouve guère d'admirateurs parmi les gens de goût, est tout fait en revanche pour enfanter une multitude d'envieux.

Les aristocraties commerçantes offrent d'autres traits que les aristocraties territoriales. Elles aiment plus particulièrement les raffinements sensuels. Tout les y porte, leur habitation dans les villes, et leur goût pour toutes les formes que peut prendre la richesse mobilière. Le commerce maritime met à leur disposition les primeurs du luxe des nations étrangères. Avec cela, elles sont plus économes que les aristocraties territoriales. Les habitudes du négoce y corrigent les goûts de prodigalité ; elles ne sont pas exposées a ces gaspillages inhérents à la possession des grands domaines. Elles peuvent dépenser beaucoup, elles savent toujours ce qu'elles dépensent, ce qui est une limite aux profusions. Ces aristocraties peuvent encourir quant au luxe plus d'un reproche mérité d'égoïsme et d'abus. Comment leur refuser deux titres qui plaident en leur faveur ? En premier lieu, elles ont dû leur splendeur au travail. Il n'est pas dans la nature du commerce de se reposer : il ressemble à ces conquérants toujours condamnés à gagner ou à perdre. S'il cesse de s'enrichir, il se ruine, et l'immobilité ne tarderait pas à le frapper d'une irrémédiable décadence. Les aristocraties territoriales ont eu à faire des efforts moins soutenus, et leurs privilèges plus multipliés, plus lourds, pesant sur les populations rurales, ont eu des conséquences plus graves ; c'est à cette source de l'impôt, il faut le reconnaître, quelque éclatants qu'aient été les services qu'elles aient pu rendre, que fut empruntée la plus grande partie de leur faste. En second lieu, le luxe même des aristocraties commerçantes a généralement marqué son passage d'une manière utile sous quelques rapports : elles ont puissamment encouragé ces « industries de luxe, » auxquelles ne saurait être appliquée uniformément une désignation flétrissante. Il s'en est suivi pour la masse un travail vraiment fécond et des produits même qui ont fini par servir à son usage. Comment oublier surtout que ces aristocraties ont laissé des monuments de la protection qu'elles ont exercée sur les arts les plus relevés ? Combien de chefs-d'œuvre élèvent encore la voix en leur faveur I Source toujours ouverte de nobles émotions, modèles toujours proposés au goût, qui vivifient l'inspiration, entretiennent les besoins distingués et contribuent par là encore à augmenter la richesse.

Montesquieu admire qu'à Venise les lois forcent les nobles à la « modestie. » — « Ils se sont tellement, dit-il, accoutumés à l'épargne, qu'il n'y a que les courtisanes qui puissent leur faire donner de l'argent. On se sert de cette voie pour entretenir l'industrie : les femmes les plus méprisables y dépensent sans danger, pendant que leurs tributaires y mènent la vie du monde la plus obscure [1]. » En citant Venise, Montesquieu allègue l'exemple le plus avantageux à sa thèse. Pourtant combien de démentis donnés par Venise et à cette thèse et à ses propres mesures somptuaires ! Que d'efforts pour échapper aux prescriptions de ces lois quant aux vêtements ! Je ne parle pas du singulier correctif, apporté à la modération de ces nobles par les courtisanes, qui se chargent, si à propos, d'encourager l'industrie. Quelle rage dans cette classe de voir le coutume qu'elle portait par ordre imité par de jeunes élégants sans naissance ! Que de ruses pour le rendre magnifique par quelque accessoire qui échappe à d'indignes emprunts ! tantôt elle y ajoute une ceinture épaisse de velours, garnie de plaques d'argent ; tantôt c'est une grosse agrafe d'or ou même de diamant. Les riches patriciennes, reléguées le jour chez elles ou ne sortant que couvertes de longs voiles, jouent le même jeu plus habilement encore : elles déploient le soir d'éclatantes toilettes toutes les fois qu'une occasion de fête se présente ; elles se couvrent de dentelles et de perles. Le rôle de Caton fut joué à Venise par le *Tribunal des pompes*. On peut se demander si le succès toujours contesté de ses efforts valut la peine d'être acheté au prix de vexations qui portèrent, sans profit pour la république, l'inquisition dans la toilette. Se figure-t-on de graves magistrats solennellement réunis pour délibérer sur la forme des habits et sur le métal dont les boutons seraient faits !

Nous ne croyons pas enfin que l'on puisse confondre le luxe aristocratique avec le luxe nobiliaire.

Le luxe nobiliaire, j'entends surtout celui de la noblesse de cour, a eu, dans les races méridionales du moins, une distinction sous certains rapports que nous ne prétendons pas contester. Il en fut souvent de ce luxe comme de ces manières élégantes qui semblent avoir été transmises plutôt qu'enseignées et que décèle une aisance de bon goût. Pourtant il nous est difficile de ne pas juger sévèrement le luxe nobiliaire : peut-être la masse des nobles n'en eut-elle le plus souvent que les côtés acceptables ; mais les excès furent choquants chez les grands seigneurs qui personnifient ce luxe aux yeux de l'histoire. Il y a dans le luxe de la noblesse de cour quelque chose

____

1 *Esprit des lois*, liv. VI, ch. III.

d'éphémère qui tient de la vanité plus que de l'orgueil : il aime les jouissances rapides et l'éclat qui éblouit, les fêtes, les parures, les modes changeantes, le jeu, qui nourrit le luxe, à moins qu'il ne le ruine. Il est prodigue, endetté. Il affecte l'imprévoyance. Il a je ne sais quel air de bravade. Essaierai-je d'en donner l'idée suffisamment présente par des exemples choisis entre beaucoup d'autres ? Écoutons une femme de ce grand monde de cour, toujours si avide des nouveautés élégantes et coûteuses. Avec quelle nonchalance, quelle insouciance dédaigneuse elle laisse tomber ces mots : « Je possédais quelques méchantes terres qui ne rapportaient que du blé ; je les ai vendues pour acheter ce miroir. » Et elle montrait une de ces riches glaces de Venise qui coûtaient alors des sommes exorbitantes. Une autre fois, c'est un grand seigneur qui jette par la fenêtre une bourse que lui rapportait pleine son petit-fils, à qui il l'avait donnée, et qui n'avait pas eu l'esprit de la dépenser. Citerai-je un autre trait de cette noblesse frivole et vaine, qui peint mieux encore cet excès impertinent d'une prodigalité devenue une sorte de défi et de point d'honneur ? Celui-là, piqué qu'une dame lui eût renvoyé le diamant qui servait à recouvrir une miniature qu'il lui adressait, fait broyer la pierre précieuse, puis il en saupoudre le billet qu'il écrit eu réponse de ce renvoi. Chaque pincée de cette poudre coûterait environ 5,000 livres. Voilà un luxe bien fou, mais il sent le gentilhomme.

III. — Le luxe et la démocratie.

C'est un préjugé qui ne se soutient plus guère devant l'histoire que la démocratie repousse le luxe. L'histoire ancienne le contredit. La vue la plus superficielle des sociétés modernes suffit pour le démentir. On ne voue plus les républiques à la pauvreté. La Suisse elle-même a vu s'enrichir ses cantons, autrefois cités pour leur austère pauvreté. Un Calvin ne prétendrait plus aujourd'hui régler la table et les habillements. En vain quelques-unes des républiques antiques sembleraient-elles autoriser ce préjugé longtemps consacré. Je doute qu'un Montesquieu écrivît encore que « dans les républiques, où les richesses sont également partagées, il ne peut point y avoir de luxe, attendu que, cette égalité de distribution faisant l'excellence d'une république, il suit que, moins il y a de luxe dans cette république, plus elle est parfaite… Dans les républiques où l'égalité n'est pas tout à fait perdue, l'esprit de commerce, de travail et de vertu fait que chacun y peut et que chacun y veut vivre de son propre bien, et que par conséquent il y a peu de luxe. » Est-ce à dire qu'il n'y ait pas une part de vérité dans un tel jugement ? comment nier qu'une forme qui demande beaucoup à l'individu exige plus de « vertu, » selon l'expression fameuse de l'auteur de *l'Esprit des lois*, qu'elle risque de se perdre par des excès, qui rompent violemment l'égalité et détruisent les mœurs ? Dans cette mesure, la théorie de Montesquieu est inattaquable ; je ne lui reproche que d'avoir restreint à l'excès et par des moyens arbitraires la part de richesse compatible avec la forme républicaine. Il faudrait d'ailleurs distinguer les républiques démocratiques des républiques aristocratiques, et ne pas parler trop souvent de Rome elle-même, gouvernée par une oligarchie, comme d'une république populaire. Il faudrait voir surtout que la démocratie moderne a ce double caractère, qui la distingue de la démocratie antique, d'admettre la richesse et de vouloir la liberté. A ces deux titres, elle autorise toute la somme de luxe compatible avec la morale et avec les prescriptions de l'économie politique.

La démocratie moderne produit et peut produire, quant au luxe, du bien et du mal. Nous dirons d'abord le bien.

L'abolition des monopoles et des privilèges, qui exagèrent le luxe, tend à le modérer. De même avec l'esclavage a disparu une des sources les plus empoisonnées comme les plus abondantes du luxe abusif. Le travail libre et responsable a d'ailleurs ses mœurs propres qui répugnent en ce genre à de trop grands excès, par cette raison qu'on dépense mieux en général ce qu'on a péniblement acquis. L'égalité tend aux mêmes effets. On a signalé une des causes principales de luxe dans la trop vaste étendue des domaines. La démocratie, en pénétrant dans l'ordre civil, y oppose des obstacles infranchissables. Nulle classe, nulle corporation ne peut absorber une partie considérable du sol, qui a cessé de s'agglomérer sous l'influence prolongée de ces droits d'aînesse et de substitution, un des instruments les plus efficaces des prodigalités de l'aristocratie. Combien de fois ne la vit-on pas ruinée par ces abus de la liberté de tester, laquelle avait précisément pour objet de la préserver en la perpétuant ! Rien ne contribua plus au luxe que cette indifférence de possesseurs désintéressés pour les perfectionnements du sol qui ne devaient fructifier qu'au profit d'un avenir éloigné. La démocratie, par le fait même du travail libre et de l'épargne mobilière, qui se porte vers les acquisitions territoriales, divise le sol, qu'elle subdivise encore par la loi de succession. Il est infiniment remarquable qu'aujourd'hui, même dans les pays qui sont régis monarchiquement ou aristocratiquement, la petite propriété gagne du terrain à mesure que la liberté civile s'y accroît. Rien n'est plus capable de modérer le luxe, battu en brèche par l'exiguïté de la possession et parles nécessités d'économie que la propriété foncière exige dans de telles conditions.

On ne tombe pas aussi aisément d'accord que l'industrie ait en grande partie les mêmes effets, et c'est à tort selon nous. Sans doute il s'est opéré un mouvement de concentration qui a créé un certain nombre de grands capitalistes. Il a fait naître un luxe nouveau. Ce luxe peut avoir et offre en réalité des côtés dignes d'approbation, il présente aussi des défauts graves. Il résulte souvent de fortunes rapides et risque de porter dans le goût un certain manque de délicatesse et d'élévation. Mais la concentration est le fait exceptionnel. Les sombres prophéties, qui nous annonçaient de « hauts barons de l'industrie, » tenant le travail à l'état de servage, l'exploitant sans merci, l'empêchant d'arriver à l'aisance, ne se sont pas réalisées. Bien que l'auteur de *la Démocratie en Amérique* ait eu le tort, selon nous, de s'en rendre l'organe, elles ne figurent guère que dans le langage outré de ces réformateurs absolus, qui attaquent la liberté même du travail et les conditions vitales de la puissance des capitaux. En somme, on peut dire que, depuis cinquante ans qu'on a prédit ce fléau, la crainte s'éloigne de voir naître toute une classe qui renouvelle les fastueux excès des anciennes sociétés. Ce qui domine, c'est la diffusion des capitaux, qui font bonne défense et se mêlent, sans s'y perdre, aux grosses agglomérations qu'a enfantées le crédit. Les moyennes et les petites fortunes s'échelonnent en grand nombre, ne laissant place qu'à un luxe relatif et d'une faible étendue. Il en sera ainsi, du moins tant que les causes morales, dont j'aurai à dire un mot, ne viendront pas rompre un équilibre qu'impose la médiocrité même des richesses mobilières, divisées entre des mains plus occupées d'ordinaire à les accroître qu'empressées à lès détruire par des désirs déréglés.

Un autre effet, de l'industrie sur le luxe dans les sociétés démocratiques ne me frappe pas moins. On a dès longtemps remarqué le rapport de l'industrie avec la démocratie. L'une et l'autre exigent de la liberté et des lumières. L'une et l'autre ont pour objet, à des titres divers, de satisfaire la grande masse humaine. Le développement de l'industrie tient à l'étendue du débouché. Elle fait plus d'affaires et de plus grandes affaires avec une multitude aisée qu'avec une élite opulente. Le luxe seul semblait faire exception, étant, disait-on, aristocratique par essence. Cela n'est vrai pourtant que dans une certaine mesure. Le grand luxe reste rare et coûteux ; mais il y a un moyen et un petit luxe. L'industrie se faisant la rivale de l'art, l'art descendant jusqu'à l'industrie, se montrent empressés à l'envi et souvent habiles à satisfaire ce luxe qui peut avoir son prix et son mérite. Comment se refuser à voir que l'esprit démocratique est entré pour beaucoup dans cette foule d'inventions ingénieuses dues à l'application des sciences à l'industrie, qui ont eu pour objet la création et la diffusion par le bon marché d'une foule de produits soit d'art, soit d'une utilité courante marquée d'un signe d'élégance ?

Le bon côté du luxe, ainsi multiplié et réparti sous l'influence de l'esprit démocratique de bien-être et d'égalité, ressort, je l'avoue, vivement à mes yeux. Son mérite, c'est de substituer un luxe plus commode en général au faste incommode souvent des anciennes sociétés. La magnificence en souffre, le goût peut risquer de devenir vulgaire, mais ce n'est pas une conséquence forcée, et le progrès que nous signalons n'en est pas moins réel. L'élégance trouve moyen de briller encore dans le vêtement par le choix de la forme et la finesse du tissu. En tout cas, il y a un gain certain. En renonçant aux habits brodés, ornés de passementeries et de fourrures, aux chapeaux à galons et à plumes, à la perruque, à la poudre et aux autres accessoires de toilette, les martyrs de ces modes héréditaires se sont délivrés d'un soin tyrannique et coûteux. Dieu en soit loué ! Je ne me plains pas non plus que la foule, mise alors d'une manière misérable, ne subisse plus l'humiliation d'un contraste aussi marqué. Il y aura moins de dentelles ; mais un linge entretenu avec propreté, fin et beaucoup moins grossier que celui dont se servait naguère la masse du tiers-état, se répandra dans toutes les classes. Il n'est pas un genre de consommation qui n'offrira en ce sens les signes d'une révolution souvent heureuse. Ajoutons qu'elle peut n'être pas sans avantage sous le rapport moral. Ces conquêtes de l'industrie mise au service de l'égalité ont pour effet de profiter à la décence, à la dignité personnelle. C'est tout profit pour ce respect de soi qu'exclut trop souvent la misère. Il est bon enfin que le sentiment de l'art se répande par la diffusion des objets dont l'instruction plus répandue aide à apprécier le mérite. Ce sentiment cesse ainsi d'être le privilège trop exclusif d'une élite qu'enveloppe de toutes parts la barbarie générale des sentiments et des goûts.

Voilà le bien. Maintenant disons le mal, les périls du moins. Osons les dire sans réticence.

L'égalité restreint dans une forte mesure le grand luxe, cela est incontestable ; mais la société ne peut-elle offrir cette situation singulière où tous désirent avec une passion effrénée un luxe médiocre ? On peut livrer cette question aux méditations des moralistes et des politiques.

Or il n'y a pas à se faire là-dessus d'illusion, cette passion, l'égalité contribue à l'allumer elle-même dans les cœurs. C'est qu'au fond et dans la pratique l'égalité signifie le plus souvent le désir de s'élever. Qui est-ce qui se contente de l'égalité dans la pauvreté, dans l'obscurité, et ne préfère de beaucoup devenir l'égal… de son supérieur ? Noble ambition peut-être, mais peut-être aussi honteuse envie, faite de haine et de paresse ou d'impuissance. Or on a beau faire, il y a une inégalité que la démocratie ne détruit pas ! Plus d'antiques monopoles, plus de privilèges de classe sous forme d'exemption d'impôts pesant sur le peuple seul, plus de concentration de tous les emplois civils et militaires, même de tous les emplois industriels et commerciaux de grande importance dans des mains exclusives, c'est fort bien, mais la richesse subsiste et avec elle la propriété, et avec la propriété les causes si nombreuses d'inégalité qui se trouvent dans la nature humaine.

De là une situation nouvelle, situation pleine de perplexité et de trouble. Tant que l'objet poursuivi était la chute de lois injustes qui grossissaient artificiellement la part des uns au préjudice commun, chacun était en droit de se plaindre. Ce faste excessif et mal acquis paraissait la suite d'une iniquité. Ces barrières sont tombées. Faudra-t-il effacer aussi les limites des fortunes ? Le luxe continue à se montrer : quel parti devra-t-on prendre ? Ici commence, nous y insistons, pour la démocratie, l'épreuve qui ne manque à aucune forme de gouvernement. L'ivresse du pouvoir absolu était l'écueil du despotisme. L'ivresse de l'égalité mal entendue risque d'être l'écueil des démocraties. Elles ont d'autant plus de difficultés à y échapper, que les idées morales obscurcies et les freins moraux affaiblis laisseront plus de place à la passion du bien-être matériel. Or cette passion se développe sous l'influence de la démocratie elle-même. C'est ce que remarque, avec autant de justesse que de profondeur, M. de Tocqueville, moraliste aussi pénétrant dans les deux derniers volumes de son grand ouvrage que politique ingénieux dans les deux premiers. On ne peut qu'être frappé, comme d'une observation pleine de portée, du rapprochement qu'il établît quant à la passion du bien-être entre l'aristocratie et le régime démocratique. » Chez les nations, dit-il, où l'aristocratie domine la société et la tient immobile, le peuple finit par s'habituer à la pauvreté comme les riches à leur opulence. Les uns ne se préoccupent point du bien-être matériel parce qu'ils le possèdent sans peine ? l'autre n'y pense point parce qu'il désespère de l'acquérir, et qu'il ne le connaît pas assez pour le désirer. Dans ces sortes de sociétés, l'imagination du pauvre est rejetée vers l'autre monde ; les misères de la vie réelle la resserrent ; mais elle leur échappe et va chercher ses jouissances au dehors. Lorsque, au contraire, les rangs sont confondus et les privilèges détruits, quand les patrimoines se divisent et que la lumière et la liberté se répandent, l'envie d'acquérir le bien-être se présente à l'imagination du pauvre, et la crainte de le perdre à l'esprit du riche. Il s'établît une multitude de fortunes médiocres. Ceux qui les possèdent ont assez de jouissances matérielles pour concevoir le goût de ces jouissances, et pas assez pour s'en contenter. » Comme confirmation de ces remarques, l'auteur du livre de *la Démocratie en Amérique* affirme qu'il n'a pas rencontré aux États-Unis de si pauvre citoyen « qui ne jetât un regard d'espérance et d'envie sur les jouissances des riches, et dont l'imagination ne se saisît à l'avance des biens que le sort s'Obstinait à lui refuser. « N'est-ce pas là d'ailleurs aujourd'hui un de ces faits patens dont les conséquences se développent aux États-Unis ? On y trouve comme ailleurs un mélange de puissance et de grandeur qu'on a pu admirer, et aussi de mal qui se manifeste chaque jour davantage ; il en est ici comme de beaucoup d'autres conséquences de son état social et politique, que l'Amérique du Nord semble tenir en réserve pour ses trop confions admirateurs et pour l'instruction de nous tous, qui avons plus on moins partagé cet optimisme. Quant à penser que ce désir général de bien-être, surexcité, selon Tocqueville, par la démocratie elle-même, ait chance (et ici je quitte les États-Unis pour la France et pour tous les peuples chez qui la démocratie tend à se répandre), quant à penser, dis-je, que ce désir de bien-être se sépare des goûts de jouissances raffinées et du luxe proprement dit, c'est pour le moins extrêmement chanceux. Ce que nous voyons n'autorise guère cette confiance. Je ne parle que des symptômes tirés du spectacle de la vie ordinaire. Je serais encore plus alarmiste si je cherchais des signes dans les tables de la criminalité. Les assassins par besoin et misère ont diminué ce qui augmente, ce sont les assassins et les empoisonneurs, par désir de s'enrichir. Ces coquins ont fait des rêves d'eldorado. On a vu pendant la commune de 1871 des dictateurs qui déclamaient contre les riches profiter de leur court triomphe pour se donner toutes les jouissances, tout le luxe, et cela en tous les genres, que pouvait s'accorder le plus opulent et le plus blasé des sultans. Je ne mets pas ces hontes sur le compte de la démocratie, bien que les passions qu'elle développe n'y soient pas étrangères : elles représentent d'aussi monstrueux abus que ceux qu'on a vus chez les pires despotes et font paraître tout simples les Caligula et les Héliogabale, qui ne furent ni plus fous, ni plus débauchés que ces tribuns de la démagogie en délire. Mais les folies et les crimes sont moins encore des exceptions et des écarts que l'expression monstrueuse d'un mal commun. Il est dans la nature de la démocratie, pour peu qu'elle suive sa pente, de rechercher les satisfactions du superflu aussitôt qu'elle a le nécessaire, et peut-être même avant qu'elle ait le nécessaire, parce que c'est le moyen de se prouver et de prouver aux autres qu'on est quelqu'un : conséquence inévitable quand l'orgueil, concentré jadis en quelques-uns, s'est réparti sur tous en vanité. Vous nous proposez comme idéal une égalité constante dans un niveau stationnaire ; sachez que nous ne haïssons rien tant. Nous voulons monter, monter toujours. Mais ceci me mène à une dernière réflexion sur le rapport qui existe entre ce désir des jouissances et ces systèmes qui ont la prétention de résoudre ce qu'on nomme le problème social.

Dans toute une catégorie de ces systèmes, on retire le luxe aux riches. C'est le vieux communisme, comme l'entendaient les émules de la simplicité Spartiate.et de la vertu romaine. Les rêves de la loi agraire reposent sur cette donnée, qui réduit tout le monde au nécessaire. L'idée d'un salaire égal ou presque égal, qui ne dépasserait pas un certain *maximum*, pour toutes les conditions, relève de la même inspiration. Ce n'est pas le renoncement chrétien, l'origine de ces systèmes ne permet pas cette expression ; c'est le renoncement stoïque, faisant vœu de pauvreté universelle sur l'autel de la démocratie.

La démocratie, en accomplissant de nouveaux progrès, s'est en général dégoûtée de ces vieux rêves trop innocents qui avaient bien le mérite de punir le riche, mais qui donnaient au pauvre pour tout avoir et toute perspective une solde très modeste ou un coin de terre pour y planter des légumes. La démocratie, à partir de 1830 environ, s'est omise à faire des rêves plus conformes aux ambitions qui la poussent vers la conquête du bien-être. De nouveaux systèmes ont apparu. Ils se sont bien gardés de s'en tenir à réclamer les aises modestes d'un salaire amélioré et le petit jardin qui avait suffi à l'imagination de leurs naïfs prédécesseurs. Ils n'ont plus voulu que tout le monde fût pauvre, mais que tout le monde fût riche. Tous ces systèmes ne proclament pas l'égalité absolue ; quelques-uns même établissent des inégalités dont nous aurions un peu de peine à nous arranger ; mais il se trouve en fin de compte que les moins élevés dans l'échelle atteignent à une participation de jouissances raffinées et de luxe de toute espèce qui dépassent ou bientôt dépasseront tout ce que l'humanité a jamais pu connaître de satisfactions matérielles. C'est là l'utopie moderne. Enivrée des récentes conquêtes de l'industrie et des bienfaits dont elle a comblé la masse, exaltée à la vue des progrès réalisés par l'esprit d'égalité, elle s'élance à la poursuite d'un paradis sur la foi de la théorie philosophique de la perfectibilité indéfinie.

J'en reviens à l'observation de la vie ordinaire. Est-il vrai, oui ou non, que l'on s'est mis à se jalouser entre soi, je veux dire entre plébéiens, les uns enrichis de la veille, les autres qui espèrent ou qui désespèrent d'atteindre au même but ? Le rapprochement des rangs a fait naître ces comparaisons encore plus que leur distance. On ne pardonne guère à ceux qui sont partis du même point d'être arrivés ; leur luxe paraît un scandale, et l'est bien aussi quelquefois. J'ai parlé du rôle des femmes dans le luxe sous la monarchie. Il y aurait un pendant à y faire au sujet du rôle des femmes dans le luxe au sein des sociétés démocratiques. On devrait mettre à part les bonnes ménagères, qui défendent tant qu'elles peuvent leurs maris contre l'abus d'un superflu malsain, et tant de femmes dans toutes les professions laborieuses qui consacrent leur vie à un travail peu rémunéré et à des vertus qui leur tiennent lieu de luxe. Cela dit, il resterait que les femmes dans la démocratie ne paraissent pas subir et exercer cette influence du luxe avec moins de force, quoique sous des formes différentes, que les femmes des sociétés aristocratiques ne la ressentaient et ne la propageaient. Les femmes aiment les comparaisons. C'est une de leurs vocations les plus marquées en ce monde. Où l'homme se contente de voir, la femme compare. Rien n'est plus dangereux en fait de luxe. Car, quand aura-t-on fini de se comparer avec ses égaux et ses supérieurs ? où ira-t-on si on veut de tout point surpasser ceux-là, égaler ceux-ci ? La femme éprouve ce sentiment, elle le souffle au mari. Elle se fait l'Eve du luxe, dont il n'est souvent que l'Adam complaisant, séduit par une faiblesse suppliante. Cette Eve tentée, tentatrice, où n'est-elle pas ? Dans ce qu'on nomme la bourgeoisie, et jusque dans le peuple. Plus que l'homme, elle a l'amour de la parure. Grand écueil dans les sociétés où la fille du peuple côtoie la richesse. M. de Tocqueville n'aurait pas cru l'esprit d'égalité démocratique qui veut s'égaler, c'est-à-dire s'élever, et jouir en s'élevant, innocent de chutes si nombreuses où la vertu succombe.

De ce désir d'égalité, je le sais, sont nées d'ingénieuses industries qui n'ont rien en elles-mêmes de bien criminel. Le *luxe d'imitation* en est sorti sous toutes les formes. Ce fils de l'égalité menteuse a tout contrefait, l'or, l'argent, les pierres précieuses. Mais combien de sortes de luxe qu'on n'imite pas ! Combien de jouissances qui ne se contentent pas ainsi d'apparences ! Qu'importe encore une fois que la qualité soit médiocre ? La passion qui brûle le cœur ne l'est pas ; elle agit avec une durée, une violence qui surprend. Que ce mal individuel puisse devenir un mal social, un écueil pour ce qu'il y a de vrai et de bon dans la démocratie, comment s'en étonner ?

Indiquez-nous, si vous l'avez découvert, le moyen de contenter des besoins si singulièrement à la fois vagues et positifs, infinis et impatiens ! Quand la masse est atteinte de cette maladie, où est le remède ? Qu'on s'agite tant qu'on voudra, il n'y en a point. On croit le voir dans les combinaisons de la politique, dans les arrangements d'une économie sociale qui provoque de nouvelles organisations du travail, du capital et du crédit. On s'aperçoit que ce n'est qu'un leurre ; ce n'est pas davantage avec les jouissances gratuites, intermittentes, du luxe public, qu'on apaisera cette agitation. Sourd et continu, ou éclatant par des convulsions et des crises, ce mal ne cesse d'entretenir une inquiétude. que rien ne calme et qui peut, si cet état durait, devenir mortel au corps social qu'il mine lentement ou jette dans des alternatives de fureur et d'abattement. Dites, oui, dites-nous, où est le point d'arrêt. La démocratie est alors dans la situation morale où nous avons vu le despotisme, elle veut l'impossible, elle rêve l'incroyable et l'illimité ! A un tel mal, la religion et la morale indiquent des moyens de guérison ; le monde extérieur avec ses jouissances et la société avec ses arrangements économiques ou politiques n'ont qu'à confesser leur impuissance.

Conclusion inévitable : ni l'histoire, ni l'analyse philosophique ne permettent l'optimisme dans la manière d'apprécier aucune forme de gouvernement quant à cette passion des jouissances sensuelles ou vaniteuses auxquelles on a donné le nom générique de luxe. Les partisans de chacune de ces formes ont fait les plus frappants tableaux du luxe abusif développé par les institutions qu'ils condamnent. Ces tableaux sont en général exacts, quoique parfois trop chargés en couleur. La monarchie et l'aristocratie n'ont pas manqué d'être l'objet de ces peintures vengeresses. A tort l'esprit démocratique, qui les a tracées plus d'une fois, se croirait exempt des dangers que la question soulève. Aucune forme sociale et politique n'a le droit de le prendre ici sur le ton d'une supériorité hautaine, et de se livrer aveuglément à une fière et confiante sécurité.

ISBN : 978-1983644375